JN204978

アジアの道案内
韓国

ハルモニの図書館さんぽ

● ソン・ヨンスク／みせけい 文・写真

玉川大学出版部

みなさんは、この絵本を見たことがありますか？

韓国の絵本を、日本語で読むことができますね。

イ・オクベ／絵・文　みせけい／訳　らんか社　2000年

なかがわりえこ／作　おおむらゆりこ／絵
福音館書店　1963年

日本の絵本も、韓国語や英語で読まれています。

このように、いろいろな国の本を読めるところが図書館です。

わたしは、図書館のこどもサービスを
ずっとやっていた図書館ハルモニです。
いまはボランティアで、
おはなしハルモニをしています。

「ハルモニ」は
韓国語の
「おばあさん」

大韓民国というのが、韓国の正式ななまえです。
中国と日本のあいだの朝鮮半島にある国です。
朝鮮半島はもともとひとつの国でしたが、第2次世界大戦後に
北の朝鮮民主主義人民共和国と南の大韓民国にわけられました。
韓国の面積は北海道よりすこし小さいくらいで、人口は約5100万人。
そのうちの約4分の1の人が、首都のソウルに住んでいます。

これが韓国の地図です。
右の地図から、ソウル市を大きくしたのが下の地図、キョンギ道とカンウォン道を大きくしたのが右下の地図です。

ところどころに記号のような文字がありますね。これは、韓国の「ハングル」という文字です。

地図にあるハングル文字は、図書館の場所をしめしています。これから、わたしが案内していきますね。

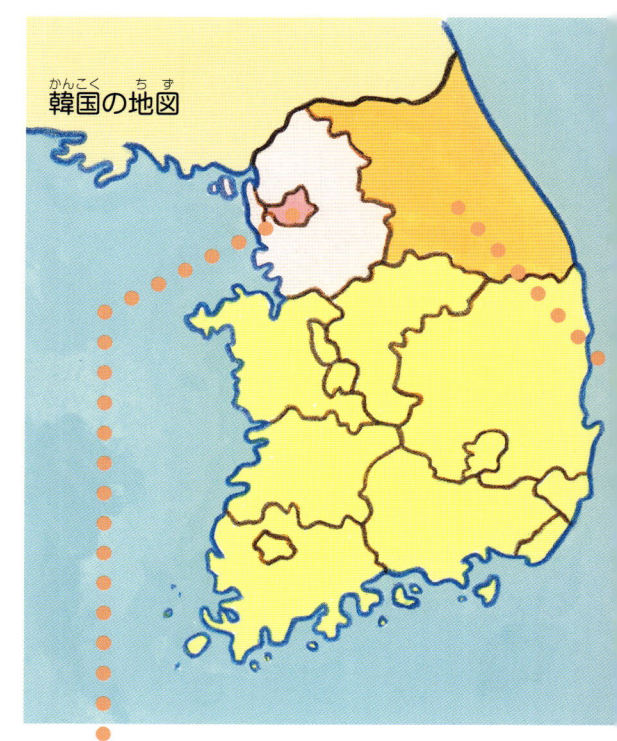

韓国の地図

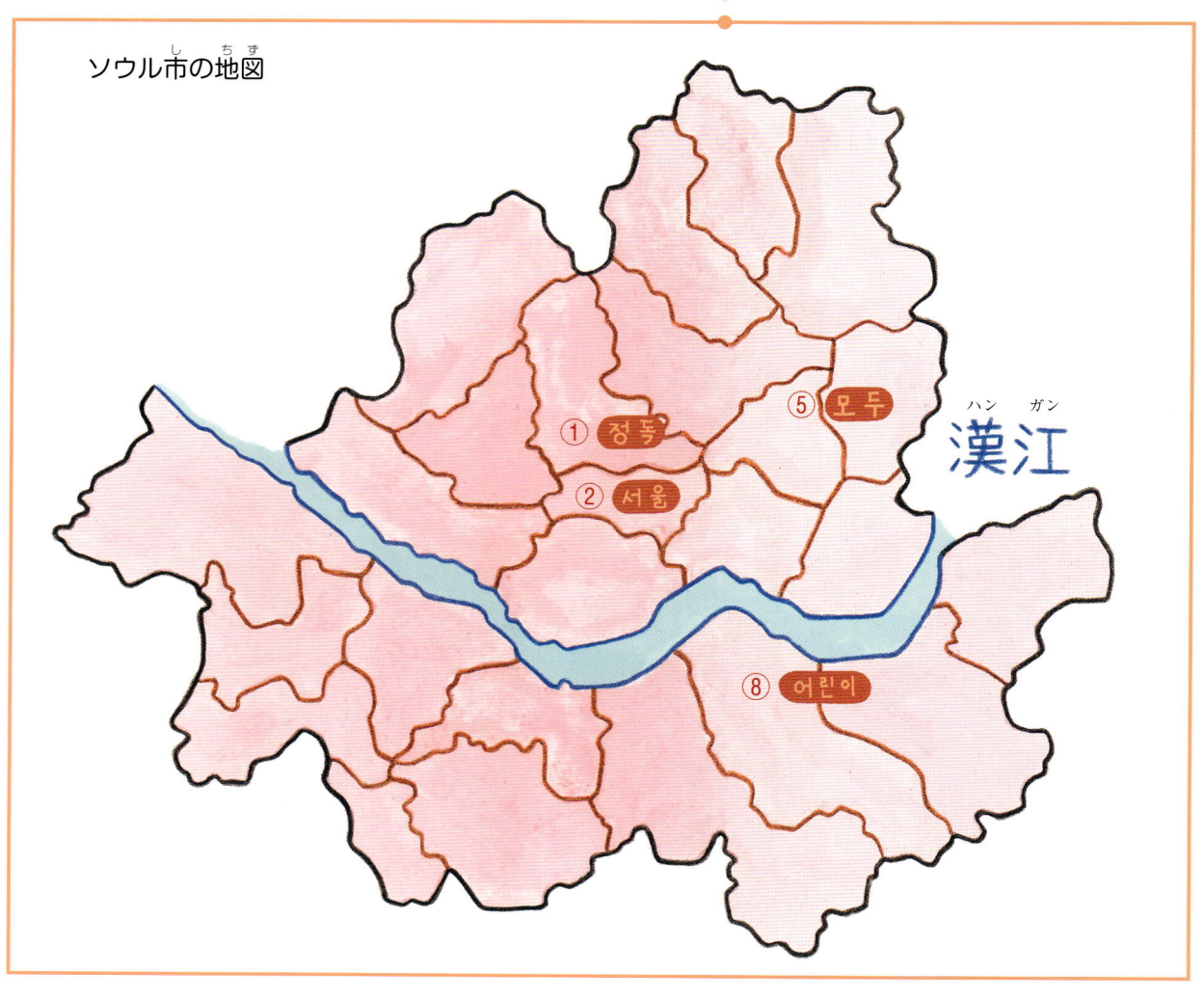

ソウル市の地図

① 정동
② 서울
⑤ 모두
⑧ 어린이

漢江

① 정동 チョンドク図書館
② 서울 ソウル図書館
③ 수봉 スボン図書館
④ 부평 プピョン奇跡の図書館
⑤ 오두 モドゥ図書館
⑥ 느티나무 ヌティナム図書館
⑦ 담작은 タムジャグン図書館
⑧ 어린이 国立こども青少年図書館

さあ、いっしょに8つの図書館を
たずねてみましょう！

まずはソウル市の
図書館へ。
カメラマンさんと
出発です！

キョンギ道・カンウォン道の地図

キョンギ道 ⑦ 담작은

カンウォン道

④ 부평
③ 수봉
⑥ 느티나무

チョンドク図書館 (ソウル市 チョンノ区)

坂をのぼっていった高台に、チョンドク図書館があります。

この図書館は、1977年に開館しました。わたしもここではたらいていたことがあります。もとは、キョンギ高等学校のたてものでした。

図書館の近くには、景福宮・仁寺洞・北村・光化門・青瓦台などの観光スポットがたくさんあって、週末にはたくさんの人でにぎわいます。

図書館のまえに、
広い庭があります。

ふじだなの下にベンチがあって、
春にはサクラのトンネルができ、
秋にはイチョウの木が黄色にいろ
づきます。
学校のグラウンドだったころは木
もなく、がらんとしていましたが、
開館から40年がたって、こんな
にみごとな庭にかわったのです。

教室だったへやもぜん
ぶ図書館になったので、
閲覧席がたくさんあり
ます。利用する受験生
が多くて入りきらず、
待合室ができたことも
ありました。

入り口にある教育博物館は、
もともと学校図書館だった
たてものです。

「あ、あの絵本だ！」大きな絵本のもけいが展示されています。『ハルモニの家にいく道』と『虹の魚』です。もけいを見て、こどもがよろこんでいます。

こども室では、読書教室や、親子で参加するアート教室などがひらかれます。

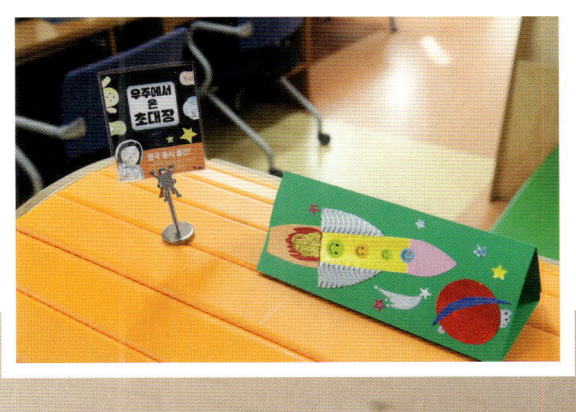

ソウル図書館 <small>としょかん</small> （ソウル市<small>し</small>　チュン区<small>く</small>）

いまのソウル市庁舎<small>しちょうしゃ</small>

ソウル市庁舎<small>しちょうしゃ</small>だったたてものをつくりかえて、2012年<small>ねん</small>にソウル市<small>し</small>の代表的<small>だいひょうてき</small>な図<small>と</small>書館<small>しょかん</small>として開館<small>かいかん</small>しました。
いまのソウル市庁舎<small>しちょうしゃ</small>は、図書館<small>としょかん</small>のうしろにあります。

図書館<small>としょかん</small>まえの広場<small>ひろば</small>は、週末<small>しゅうまつ</small>になるといろいろなイベントでにぎわいます。

こどもの本のコーナーにつづく
階段は「考える床」といいます。
のぼったりおりたりするほかに、
そのままこしかけて本を読むこ
ともできます。

かべの本だなが天井までとどい
ています。上のほうには、2冊
以上ある本や、あまり使われて
いない本がおいてありますが、
図書館ではたらく司書にたのむ
とおろしてくれますよ。

展示室では、「本で遊ぼう」という展示をやっていました。

本を使ってオブジェをつくるグループによる展示です。
オブジェに使う本は、グループの人たちが持ってきました。

地上から
市民ホールへと
おりる階段には、
かさのオブジェが！

図書館の地下をとおって、ソウル市庁舎の市民ホールにいくことができます。

市民ホールには自由に本が読めるブックコーナーがあって、市庁舎に来た人たちもきがるにたちよることができるんですよ。

スボン図書館 （インチョン市　ナム区）

2009年に開館したスボン図書館は、船のかたちをしています。
インチョン市が、みなとまちだからです。

わたしは、すこしまえまでこの
図書館の館長をしていました。

屋上からは、ちょうど船のへさ
きのようなかたちになったとこ
ろがみえるので、ほんとうに船
にのったきぶんになりますよ。

スボン図書館の本におされている
ハンコにも、船がえがかれていますね。

こどもたちがたのしんでいるのは、
音声絵本です。

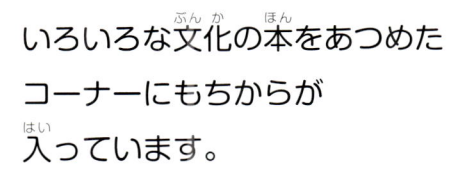

いろいろな文化の本をあつめた
コーナーにもちからが
入っています。

4月23日は「世界本の日」です。
2015年の「世界本の日」から1年間、インチョン市は「世界本の首都」に
えらばれ、さまざまな読書活動をおこないました。

スボン図書館では、こどもたちにどんどん本を読んでもらうために
「こども読書大学」というプログラムをおこないました。
柱にはってあるのが、そのポスターです。

読書教室は、小学生向け。本をつくる活動もしています。

幼稚園のこどもたちが来たので、
読みきかせがはじまりました。

おばあさんがおはなしを語る「美しいおはなしハルモニ」という
イベントもあります。こどもたちが本をすきになってくれるように、
たくさんのくふうをしているんですよ。

奇跡の図書館

韓国でこどもの図書館がふえてきたのは、2000年代に入ってからです。2003年からはじまった「奇跡の図書館」プロジェクトが、大きなちからとなりました。

奇跡とは、ミラクル。奇跡の図書館は、こどもの読書環境をととのえるために、「本をたくさん読めば、こどもたちに奇跡がおきる」と、マスコミや市民団体がお金や本をあつめてたてた図書館です。韓国文化放送（MBC）のテレビ番組で「本、本、本を読みましょう」とよびかけ、番組で毎月えらばれる本の売り上げと、個人や団体からの寄付が、こどもの図書館をたてる種になりました。

2003年、さいしょにできたのがスンチョン市の奇跡の図書館です。2015年にソウル市にでき、いまでは、韓国各地に12の奇跡の図書館があります。どれも入りやすい設計で、こどもの利用者でいっぱいです。

韓国各地にできた12の奇跡の図書館

トボン

プピョン

チェチョン

チョンジュ

クムサン

チョンウプ

ウルサンプク

キメ

チネ

スンチョン

チェジュ

ソギポ

プピョン奇跡の図書館 (インチョン市　プピョン区)

プピョン奇跡の図書館は、プピョン区でさいしょにできた図書館です。
開館したばかりのころは1日に1000人以上がおとずれました。

開館して10年がたち、
プピョン区の区立図書館は
6館になりました。

いまでも、
プピョン奇跡の図書館には
1日に700人が

やってきます。

この柱の絵は、イベントでこどもたち
がかきました。図書館のお兄さんが、
白いペンキをぬって、絵をかく場所を
つくったそうです。

お母さんとこどもが、
本を読んでいますね。

自由に使える小さな
へやがあちこちに
あって、みんな
おもいおもいに読書
をしています。

モドゥ図書館（ソウル市　トンデムン区）

다양한 문화가 모이는 도서관 모두

韓国には、いろいろな国からうつり住んできた人たちがいます。
「みんなの図書館」という意味をもつ、多文化図書館モドゥは、
そういう人たちに手をさしのべる私立図書館です。

韓国語の本だけでなく、日本語・ベトナム語・モンゴル語・中国語・英語など、いろいろなことばの本があって、いろいろな国のこどもとお母さんが本を読みに来ます。

チュノくん（5歳）とナヨンちゃん（2歳）のお母さんの新井由美さんは、日本の人です。韓国語を勉強しに来ていたときに、ふたりのお父さんと出あって結婚したそうです。

外国からきた親をもつこどもたちには、ひとりひとりにあったプログラムがあります。新井さんも、ナヨンちゃんのためのとくべつなプログラムにあわせて、ボランティアの人から日本語と韓国語の絵本を読んでもらっていました。

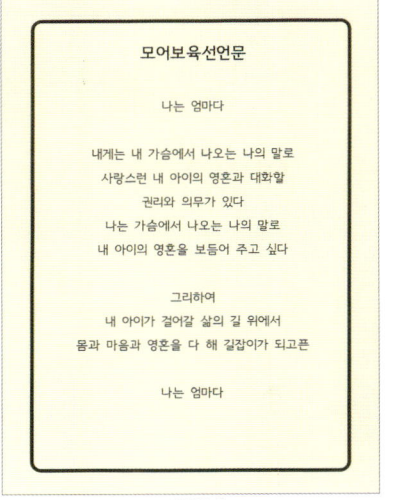

韓国語

たなの上には、こんなものがかざってあります。「わたしは母です。自分のうまれた国のことばで、こどもをそだてたい」と、韓国語と、かいた人の国のことばでかかれた宣言です。

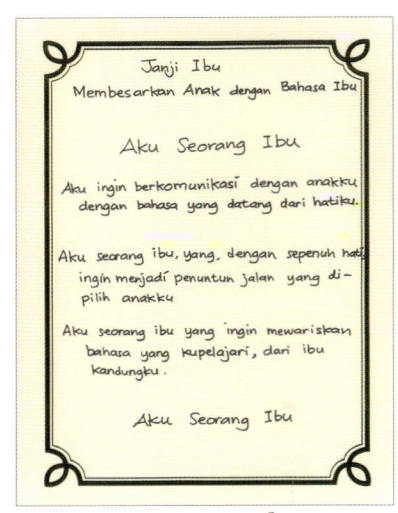

インドネシア語

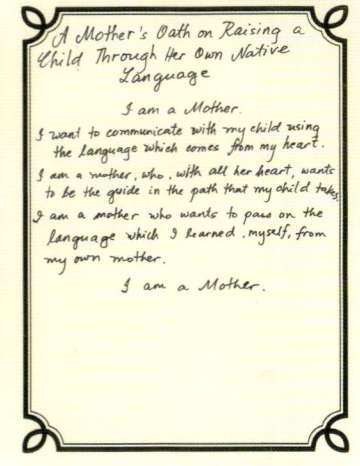

英語

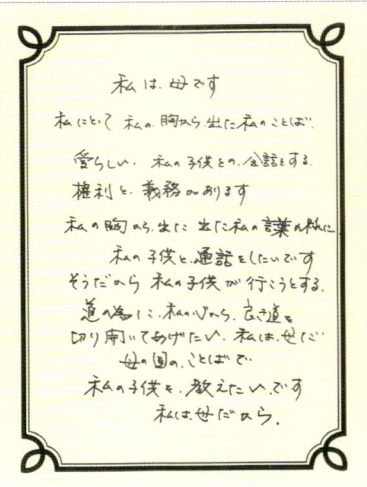

日本語

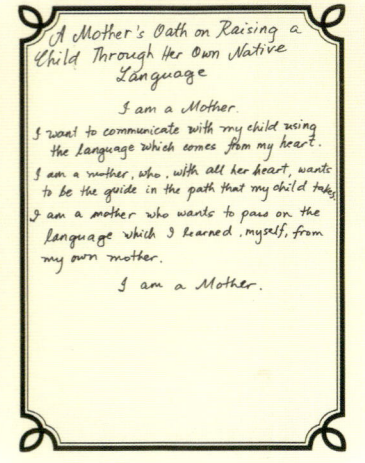

中国語

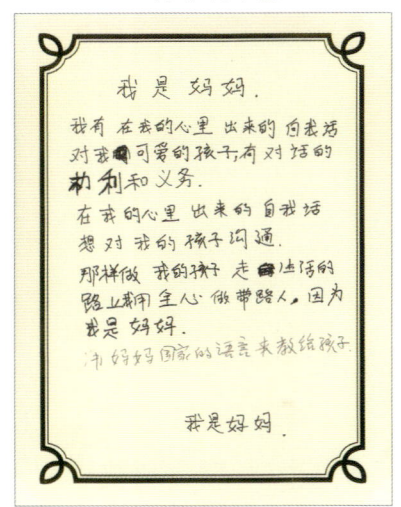

ベトナム語

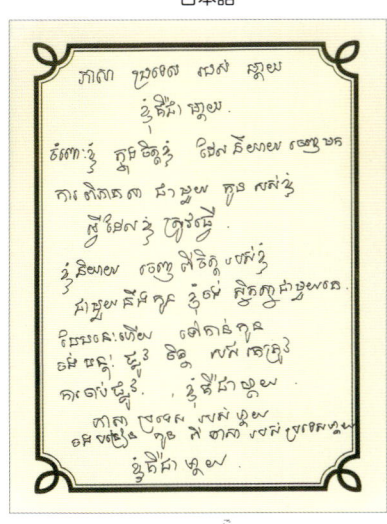

タイ語

「お母さんのことを絵本にしよう」という図書館のプログラムでできた手づくり絵本を、ある出版社が本にしました。

チェヨンくん（7歳）とヨナちゃん（3歳）のお母さんは、このプログラムで絵本をつくるまで、じぶんがベトナムから来たことを、こどもたちに話したことがありませんでした。

写真などを使って、ベトナムのお姫さまと韓国の王子さまが出あって結婚するという絵本をつくりました。チェヨンくんは、お母さんのつくったこの絵本が大すきです。

お母さんは、この絵本をきっかけに、ベトナムのおじいさんとおばあさんを韓国によぶことができました。

ヌティナム図書館 （キョンギ道　ヨンイン市）

2000年、あるたてものの地下にこどもたちがあつまる場所として文庫がつくられ、2007年に、近くにいまのたてものがたって大きな図書館になりました。「ヌティナム」は「ケヤキ」という意味です。

看板に、「ヌティナム図書館は、本を読むたのしさをあなたにあたえます。本はあなたに話しかけます。いつでもやってきて、いつまでもいていいのです。つらいことがあっても、いつも明るくむかえ、本を読むよろこびを人から人へとつたえていきます」と、かいてあります。

このブランコのいすは、
まだ地下で文庫をやっていたときに、
おりてきたこどもたちをいつも
むかえていました。

正面の灰色のかべには、本だな
もかざりもありません。
「思索のかべ」といって、本を
読むときじっくりものを考えら
れるように、わざとなにもない
空間がつくってあるのです。

階段をのぼったところには、「ウォンドマク」があります。高いところにつくる見はり小屋のことで、昔の人もウォンドマクで遊んだり本を読んだりしました。

ここは「こべや」という意味の「コルバン」。

階段のとちゅうにある「タラクパン」は、「やねうらべや」という意味。

こどもたちは、せまいひみつの場所がすきです。
この図書館には、小さなアジトのような場所があちこちにあるんですよ。

階段のおどり場に、「らくがき禁止」の
イラストがありました。でも、ほんとう
はこれもらくがき！　本だなの上やかべ
もらくがきがいっぱいです。

らくがき
禁止！

すべりだいは、大人気！

本の屋台がありました。

タムジャグン図書館 （カンウォン道　チュンチョン市）

図書館へいく道のかべに、孝行むすこをたすけたトラの絵がかかれていました。その孝行むすこがうまれた村なので、ここを孝子洞といいます。

くねくねした坂道をのぼっていくと、かわったつくりの図書館があります。
「垣根のひくい」という意味のタムジャグン図書館です。
入り口がおおきく口をあけて、おいでおいでをしているみたいですね。

「ナルニア国ものがたり」の
展示がおこなわれていて、
入り口には大きな門が
ありました。

　　なかにも、本や人形が
　　ならんでいます。

あかちゃん用のへやで、
お母さんと女の子が
本を読んでいました。

階段の本だなにも、
びっしりと本が
ならんでいます。

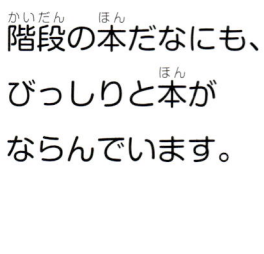

すべりだいは
ここでも大人気！

出まどの小さなスペースで本を読む親子もいました。

こどもがはじめて本と出あうブックスタートの
イベントをしています。

このこども図書館は、ソウルで会社をやっている4人の社長さんが、
2002年につくった私立図書館です。

国立こども青少年図書館（ソウル市　カンナム区）

国立こども青少年図書館は、こども図書館の中心となる図書館が必要だというはたらきかけによって、国立中央図書館の論文館をたてかえて、2006年にできました。

本の展示や、こどものためのいろ
いろなイベント・プログラムがあ
り、こどもの日や、夏休みなどの
長い休みには季節にあったとくべ
つなイベントもあります。

入り口でむかえてくれるたくさんの板絵は、
夏休みの工作教室でこどもたちがつくったもの。

韓国のこどもサービスを代表する図書館として、
外国との交流もさかんにおこなっています。
また、国内の公共図書館と司書のための教育プログラムもあります。

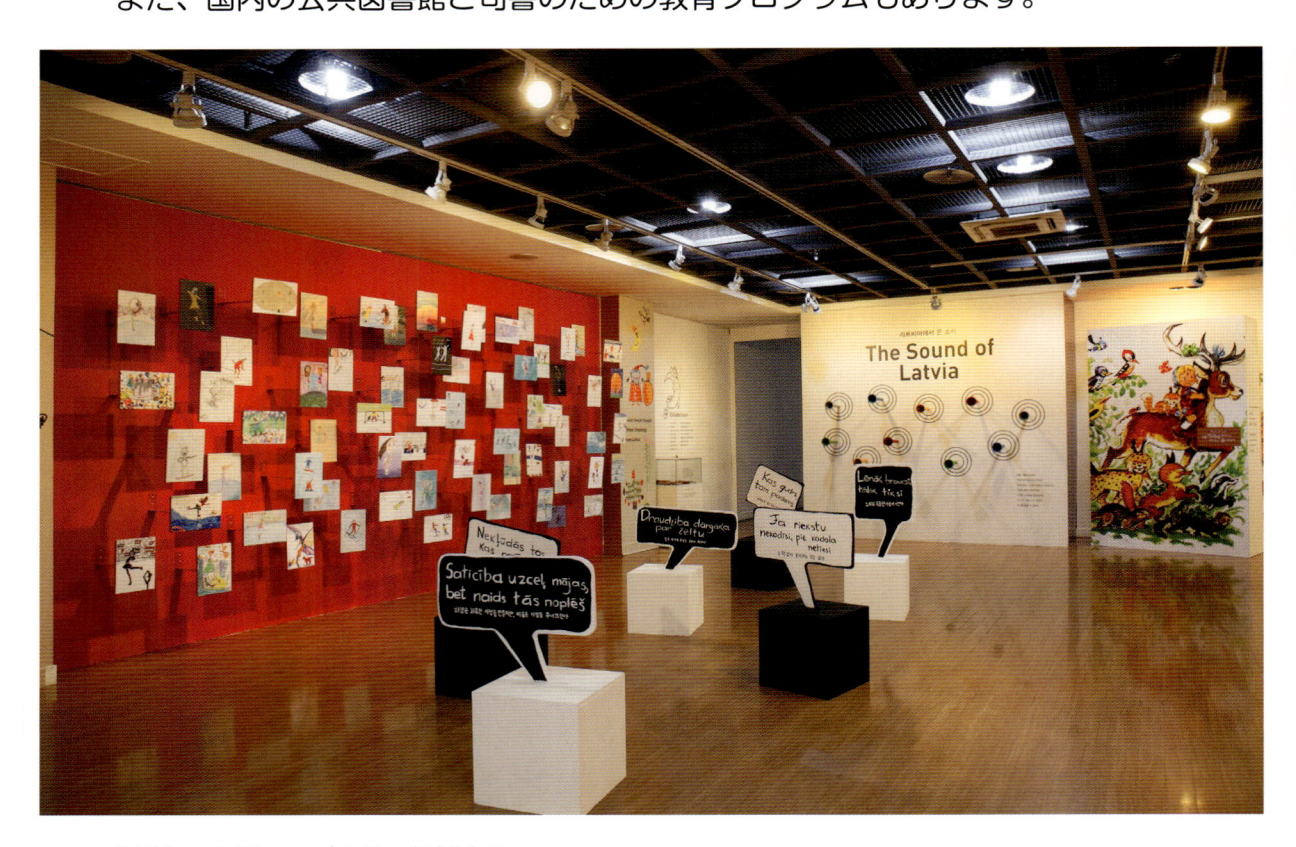

韓国の絵本を、英語・中国語・ベトナム語・タイ語・モンゴル語の5つの言語に翻訳した絵本や、韓国の多くの図書館で展示されている大型絵本なども発行しています。

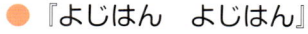
● 『よじはん　よじはん』

ユン・ソクチュン／文　イ・ヨンギョン／絵　かみやにじ／訳
福音館書店　2007年

詩人のユン・ソクチュンの童詩がもとになった絵本『よじはん　よじはん』は、日本語にもなっていますね。

3階の研究資料室には、児童文学作家や絵本作家がじぶんの持っている本をおくった「文庫」があります。ユン・ソクチュン文庫で、童謡になった詩をさがしてもらいました。『お昼に出た半月』という絵本が見つかり、『韓国童謡全集』の第5巻に楽譜ものっていました。

● 『お昼に出た半月』

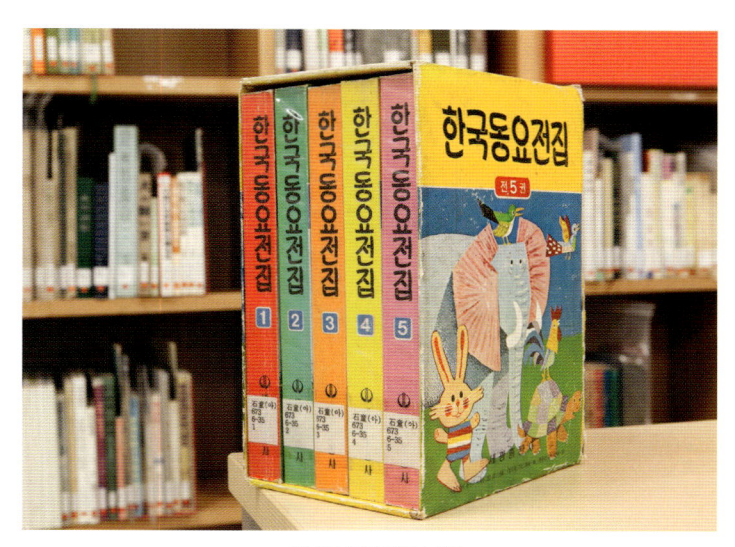
● 『韓国童謡全集』

図書館には、こんなふうに相談をきいてしらべてくれる司書がいます。
本のことで知りたいことがあったら、ぜひきいてみてください。

　　　　　　きっと、みなさんの世界が広がることでしょう。

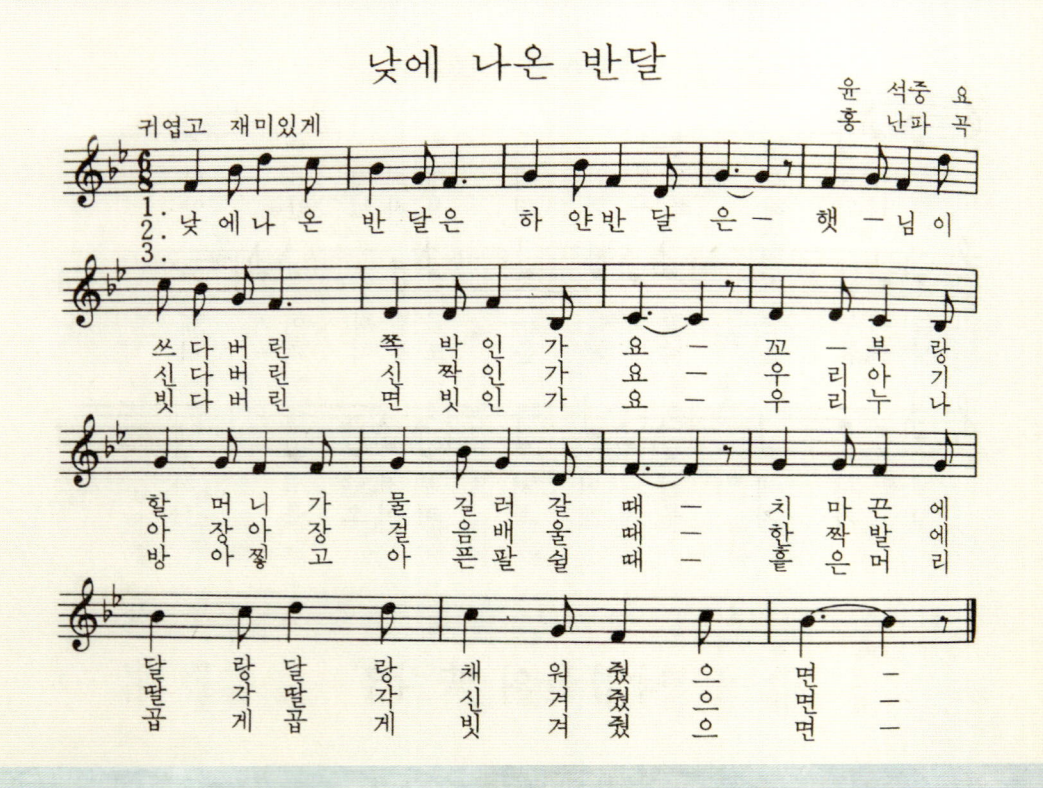

낮에 나온 반달

윤 석중 요
홍 난파 곡

ナジェ　ナオン　パンダルン　ハヤンパンダルン
ヘンニミ　スダ　ボリン　チョク　バギン　カヨ
コブラン　ハルモニガ　　ムル　キルロ　カルテ
チマクネ　タルラン　タルラン
チェオ　ジョスミョン

お昼に出る　半月　白い　半月は
お日さまが使って　なげてくれた　フクベなのか
こしのまがった　おばあさんが　水をくみに　いくとき
スカートのひもに　ぶらり　ぶらりと
むすんであげたいな

● 「フクベ」は、ひょうたんのこと。

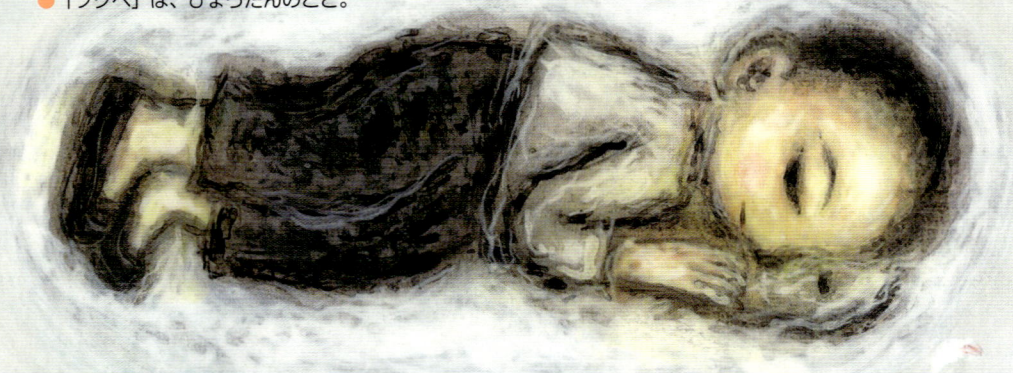

ソン・ヨンスク

1947年生まれ。ソウル在住。梨花女子大学校平生教育院、大邱大学校文献情報学科などで教える。元IFLA（国際図書館連盟）児童サービス分科会常任委員。元スボン図書館館長。現KBBY（韓国国際児童図書評議会）運営委員。1996年からソウル読書教育研究会を主宰、読書運動・図書館運動を続ける。

みせけい

山形県生まれ。司書として公立図書館に長年勤務。翻訳絵本に『マンヒのいえ』『ソリちゃんのチュソク』（いずれも現らんか社）がある。むすびめの会（図書館と多様な文化・言語的背景をもつ人々をむすぶ会）事務局。

取材協力：チョンドク図書館、ソウル図書館、スボン図書館、プピョン奇跡の図書館、モドゥ図書館、ヌティナム図書館、タムジャグン図書館、国立こども青少年図書館

撮影協力：チェ・チュンシク

撮影コーディネート：韓麻木

装丁：中浜小織（annes studio）
挿画：藤原ヒロコ
協力：Sola 1冊の本プロジェクト

編集・制作：株式会社 本作り空 Sola
http://sola.mon.macserver.jp

アジアの道案内　韓国

ハルモニの図書館さんぽ

2018年5月25日　初版第1刷発行

文・写真　　ソン・ヨンスク／みせけい

発行者　　小原芳明

発行所　　玉川大学出版部
　　　　　〒194-8610　東京都町田市玉川学園6-1-1
　　　　　TEL 042-739-8935　FAX 042-739-8940
　　　　　http://www.tamagawa.jp/up/
　　　　　振替：00180-7-26665
　　　　　編集　森 貴志

印刷・製本　創栄図書印刷株式会社